FUERA DE LUGAR

Arby y su familia compartían
tiempo juntos viendo un
emocionante partido de fútbol.

Mientras miraban el partido, el padre de Arby contaba anécdotas de su infancia, cuando era arquero en el equipo de su escuela y ningún balón lograba atravesar la portería. Arby lo escuchaba y se inspiraba con los relatos para hacer dibujos.

Al ver los dibujos de Arby, su padre se puso tan contento que decidió inscribirlo en una escuela de fútbol.

El Sr. Berry estaba tan ilusionado que había comprado todos los implementos para jugar juntos. Habían encontrado una pasión que compartían.

Arby jugaba tan bien que ayudó a su equipo a ganar el campeonato. Todos sus compañeros celebraban la victoria y aunque Arby también estaba contento, no se veía tan feliz como el resto del equipo.

Su papá no entendía la reacción del pequeño futbolista: ¡Ganaron la final! ¿Por qué no grita de felicidad como todos los demás?

De regreso a casa, el Sr. y la Sra. Berry conversaron sobre la actitud de Arby:

Arby ha jugado muy bien hoy, pero no lo vi celebrar la victoria.
Sí, yo también lo noté poco entusiasmado.

Al llegar a casa, el Sr. Berry preguntó a Arby:

Hijo ¿Cómo te sientes con la victoria de hoy?

Bien...

Al pasar frente a la habitación de
Arby, el Sr. Berry notó que su hijo aún
estaba despierto, así que se acercó
para ver qué sucedía.

Hijo ¿No puedes dormir por la emoción de haber ganado el campeonato?

No papá, solo estaba terminando mi dibujo antes de irme a dormir.

Veo que te gusta mucho dibujar ¿Te gustaría ir a clases de dibujo y dejar el fútbol?

Sí papá. Disculpa, me gusta más dibujar.
¿Estás enojado conmigo?

Hijo, no hay por qué disculparse. Recuerda que siempre puedes contar con nosotros y que vamos a escucharte y apoyarte. Lo más importante es que te sientas feliz con lo que hagas.

¡Tenemos un gran artista en casa!

Al día siguiente, mientras Arby hacía sus tareas, recibió una videollamada de su papá:
—Hola, hijo, mira todo lo que tengo para ti y le mostró pinceles, acuarelas y un caballete.
—Termina tus deberes, que apenas llegue a casa quiero que me enseñes a pintar.

MORALEJA

Comprender y apoyar los talentos e intereses de nuestros hijos, en lugar de imponer nuestras expectativas y pasiones en ellos, los ayuda a sentirse importantes y reconocidos. Debemos estar dispuestos a escuchar y observar lo que realmente les apasiona, porque al hacerlo les permitiremos desarrollar su autoconfianza, autoestima y sentido de realización en la vida.

PARA COMPARTIR EN FAMILIA

En las siguientes páginas encontrarás
una actividad diseñada para encontrar tu
vocación al explorar tus pasiones y talentos
junto a alguien de tu familia.

En esta actividad, hay dos cuadros: uno para
ti y otro para el familiar que hayas elegido.
Deberás dibujar a tu familiar realizando una
actividad que pienses le gusta, mientras que
él o ella te dibujará haciendo la que crea es
tu actividad favorita.

TIP: Ayuda a tu familiar
nombrando todas las cosas
que te gustan.

AQUÍ DIBUJAS TÚ

AQUÍ DIBUJA TU FAMILIAR